📖 주제

· 선과 악   · 마음   · 다양성   · 포용

📖 활용 학년 및 교과 연계

초등과정	1-1 통합	봄1 > 1. 학교에 가면
	1-2 국어	7. 무엇이 중요할까요
	2-2 국어	1. 장면을 떠올리며
	3학년 도덕	1. 나와 너, 우리 함께

초등 첫 인문철학왕 35
도미 탐정, 사라진 지킬 박사를 찾아라!

글쓴이 서지원 | **그린이** 허구 | **해설** 손아영
기획편집 이정희 | **편집** 박주원
디자인 문지현 김수인 | **생각 실험 디자인** 김윤현

펴낸이 이경민 | **펴낸곳** ㈜동아엠앤비
출판등록 2014년 3월 28일(제25100-2014-000025호)
주소 (03972) 서울특별시 마포구 월드컵북로22길 21, 2층
전화 (편집) 02-392-6901 (마케팅) 02-392-6900 | **팩스** 02-392-6902
홈페이지 www.moongchibooks.com | Ch 뭉치북스 | Instagram 뭉치북스

※ 잘못된 책은 구입한 곳에서 바꿔 드립니다.
※ 이 책에 실린 사진은 셔터스톡, 위키피디아, 게티이미지뱅크(코리아)에서 제공받았습니다. 그 밖의 제공처는 별도 표기했습니다.

도서출판 뭉치는 ㈜동아엠앤비의 어린이 출판 브랜드로, 아이들의 지식을 단단하게 만들어 주고,
아이들의 창의력과 사고력을 키워 주어 우리 자녀들이 융합형 사고뭉치와 창의뭉치로
성장할 수 있도록 좋은 책을 만들겠습니다.

추천사

'질문'의 힘! '생각'의 힘!
'미래 인재'로 가는 힘!

어린이와 학부모님들께 《초등 첫 인문철학왕》을 추천할 수 있어서 매우 기쁩니다. 어린이들이 이 시리즈를 통해 '나'에 대해, 나와 공동체 사이의 소통에 대해, 세상의 이치와 진리에 대해 마음껏 질문하고 생각하기를 바라기 때문입니다. 그렇게 되면 창의적으로 문제를 해결하는 힘 또한 커질 수 있다고 믿기 때문이지요.

'제4차 산업혁명의 시대'라는 말처럼 우리는 모든 것이 혁신적으로 변화하는 시대에 살고 있습니다. 스마트폰, 인공 지능, 첨단 로봇 등 새로운 기술과 지식이 나오는 속도도 이전과 비교할 수 없을 정도로 빨라졌지요. 세상에 넘쳐나는 지식과 정보는 이제 누구나 쉽게 구할 수 있고, 개인의 두뇌에 담아낼 수 있는 용량을 넘어선 지 오래입니다. 결국 이 시대의 아이들에게 필요한 것은 지식보다는 그 지식을 다루는 지혜와 창의성 아닐까요?

7차 교육과정 개정 이후 학교 교육도 이러한 시대 흐름에 맞추어 미래 사회가 요구하는 인문학적 상상력과 과학기술 창조력을 두루 갖춘 창의융합형 인재를 양성하는 것을 목표로 합니다.

'철학'은 '지혜를 사랑하는'이란 뜻을 가진 말입니다. 이 학문은 여러분처럼 모든 것에 호기심 많았던 철학자들로부터 시작됩니다. 아주 오래전부터 인간, 사회, 자연, 우주, 진리 등 다양한 분야에서 다른 사람들보다 더 깊이, 더 많이, 그리고 아주 끈질기게 했던 수많은 질문과 탐구를 하며 만들어졌습니다.

마치 높은 곳에 올라가면 마을 전체를 내려다볼 수 있는 넓은 시야를 얻게 되듯이, 철학을 한다는 것은 하나의 문제를 더 큰 눈으로 볼 수 있게 되는 것이랍니다. 그러면 어떤 점이 좋을까요? 더 넓게 보는 눈, 더 깊이 있게 보는 눈, 다른 사람들이 생각하지 못한 부분들을 상상하고 찾아낼 수 있는 눈이 생깁니다. 또 우리 앞의 문제들을 자신만의 창의적인 방법으로 해결할 수도 있고, 그 문제를 해결하다가 다른 더 큰 문제를 발견하여 미리 처리할 수도 있습니다.

《초등 첫 인문철학왕》은 바로 그러한 생각의 눈을 아주 활짝 열어 줄 것입니다. 주제와 관련된 재미있는 동화, 이와 연결된 깊이 있는 인문 해설과 철학 특강, 창의·탐구 활동 등으로 구성된 시리즈는 아이들이 세상에 넘쳐 나는 지식을 지혜롭게 다루는 힘을 길러서, 문제해결력을 갖춘 창의적 인재로 성장할 수 있게 해 줄 것입니다.

그러니 이 책을 읽으며 여러 분야에서 떠오르는 호기심과 질문들을 혼자만 가지고 있지 말고 친구, 가족과도 나누어 보시길 바랍니다. 모두가 질문하고 생각하는 힘이 생긴다면, 어려운 문제들을 함께 해결해 나가는 공동체를 만들 수 있겠지요?

이 책을 읽는 여러분들 모두, 그런 멋진 공동체를 하나둘 만들어 나가는 지혜로운 미래 인재가 되기를 기대합니다.

이지애 드림
(이화여대 철학과 부교수, 한국 철학교육 학회 회장)

초등 첫 인문철학왕
이렇게 활용하세요!

생각 실험

생각 실험은 어떤 사실을 알기 위해 여러 가지 실험과 사례를 연구하는 것이에요. 철학이나 자연 과학 분야 등에서 널리 사용되는 방법이에요. 권마다 주제에 관련된 실험, 유명한 인물의 사례 등을 읽으며 상상력과 문제 해결력을 키워 보세요.

만화 & 동화

40권의 인문 철학 주제별로 아이들의 생활 세계 속 이야기, 패러디 동화 등이 다양하게 펼쳐져요. 처음과 중간은 만화, 본문은 그림 동화로 되어 있어서, 재미난 이야기에 푹 빠질 수 있어요.

인문철학왕되기

오랫동안 어린이들과 함께 철학 수업을 연구하고 진행해 온 한국 철학교육연구원 소속 교수와 연구진들이 집필했어요.

소쌤의 철학 특강, 인문 특강, 창의 특강으로 구성되었어요. 주제와 이야기 안에 숨겨진 철학적 문제들에 대해 함께 답을 찾아갈 수 있도록 깊이 있는 토론과 특강, 그리고 재미있는 활동으로 구성되었어요.

교과 연계

각 권마다 최신 개정 교과서 단원과 연계되어 교과 학습에 도움이 되도록 구성되었어요. 권별로 확인하세요.

이 책의 차례

추천사 4

구성과 활용 6

생각 실험 태어날 때부터
나쁜 사람이 있을까? 10

만화 선과 악은 배워야 안다? 20

검은 나무 저택 22
- 인문철학왕되기1 사람은 어떤 마음을 가지고 태어날까?
- 소쌤의 철학 특강 인간은 착하게 태어나! VS 인간은 원래 악하게 태어나

붕어빵 도둑 42
- 인문철학왕되기2 붕어빵을 훔친 건 용서 받지 못할 일일까?
- 소쌤의 인문 특강 장 발장 이야기

| 만화 | **지킬과 하이드의 이야기** ································· 60 |

지킬 박사의 정체 ································· 66
- 인문철학왕되기3 　인간은 얼마든지 변할 수 있어!
- 소쌤의 창의 특강 　착한 것과 나쁜 것은 어떻게 정해질까?

비밀 일기장 ································· 86
- 인문철학왕되기4 　만일 나라면?
- 창의활동 　어떤 물약을 마시고 싶은가요?

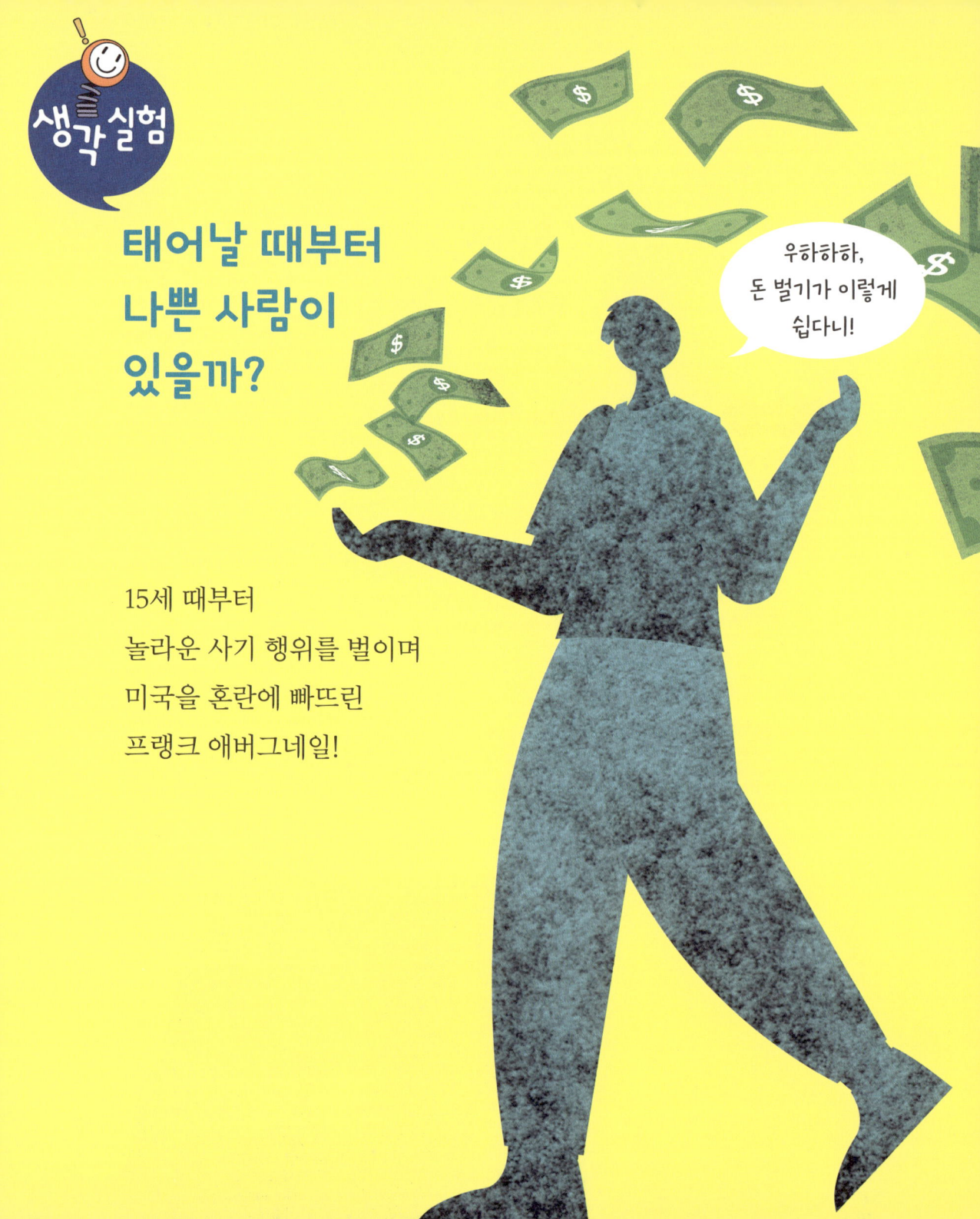

1948년 미국에서 태어난 **프랭크는 수표를 위조하는 기술을 익혀 돈을 마음대로 쓰고 다녔지요. 이때 그의 나이는 고작 15살이었습니다.** 프랭크의 위조 기술이 얼마나 뛰어났는지 많은 사람들이 무려 5년 동안이나 그 사실을 알지 못했고 그가 사용한 가짜 돈의 액수는 어마어마했다고 합니다.

이뿐만 아니라 그는 위장 기술도 뛰어났습니다. 신분과 직업을 여러 가지로 바꿔 가며 경찰들을 따돌렸지요.

비행기 조종사로 변장하면 공짜로 세계 여행을 할 수 있지!

비행기 조종사, 변호사 등 다양하게 변장한 프랭크에게 모든 사람이 속았죠. 그래서 **프랭크의 사기 행각에 오히려 열광했던 사람들도 있다고 해요.**

하지만 의사로 변장했을 때에는 환자를 위독한 상태에 빠뜨리기도 했습니다. 아무런 의학 지식이 없었던 프랭크였기에 이는 당연한 결과였지요.

와, 엄청난 변장 실력이네!

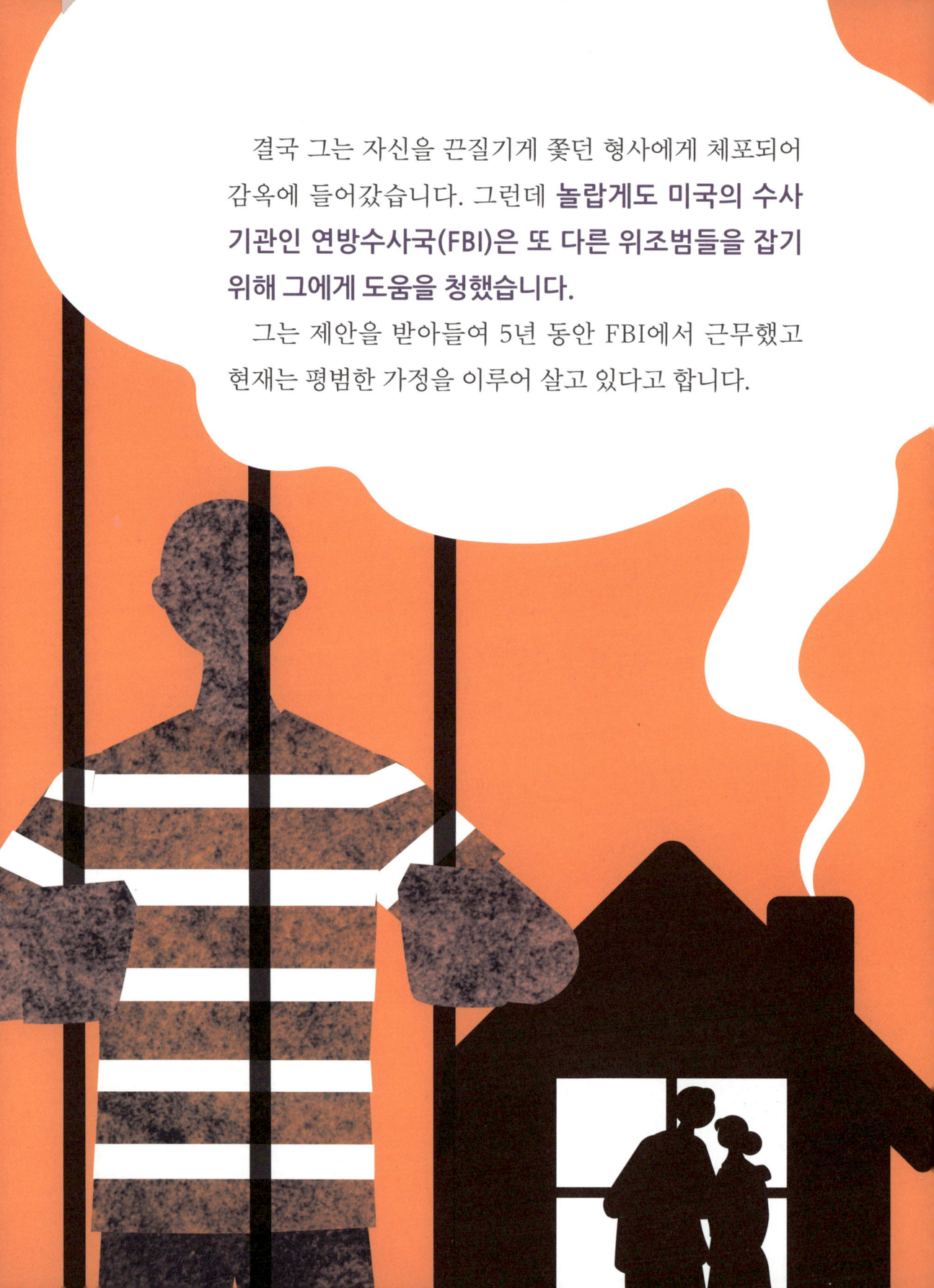

결국 그는 자신을 끈질기게 쫓던 형사에게 체포되어 감옥에 들어갔습니다. 그런데 **놀랍게도 미국의 수사기관인 연방수사국(FBI)은 또 다른 위조범들을 잡기 위해 그에게 도움을 청했습니다.**

그는 제안을 받아들여 5년 동안 FBI에서 근무했고 현재는 평범한 가정을 이루어 살고 있다고 합니다.

그는 어느 인터뷰에서 이렇게 고백했습니다. "사람들은 당시 나에게 열광했지만 내가 한 일은 부도덕하고 불법적이며 옳지 못한 일이었다."라고요. 그러니 평생을 속죄하며 살겠다고 말했습니다.

"오랫동안 사람들을 속이며 범죄를 저지른 사람이 사죄하면 선한 사람이 되는 걸까요? 사람들은 그를 용서해야 할까요?"

YES! 프랭크는 범죄의 수법을 잘 알기 때문에 수사에 도움을 줄 수 있어. 좋은 일에 그 사람을 활용할 수 있다면 용서해야 되지 않을까?

NO! 프랭크는 너무 많은 잘못을 저질렀어. 용서를 구한다고 해서 그 사람의 잘못이 없어지는 건 아냐!

검은 나무 저택

　도미는 삼촌 방에 들어가는 걸 좋아해요. 삼촌 방에 들어가면 가장 먼저 눈에 들어오는 것이 경찰복과 경찰 모자예요. 맞아요, 도미의 삼촌은 나쁜 사람을 잡는 경찰이랍니다.
　직업 때문인지 도미의 삼촌은 늘 무서운 표정을 짓고 있어요. 좀처럼 웃는 표정으로 사람을 대하는 법이 없지요. 말수도 적어서 꼭 필요한 말이 아니면 하지 않는 편이에요. 도미가 재잘재잘 이야기를 늘어놓으면 귀찮은 듯한 표정으로 인상을 팍 쓰지요.
　그렇다고 삼촌이 나쁘다는 건 아니에요. 삼촌은 길을 지나다가 무거운 짐을 들고 가는

할머니를 보면 얼른 멈춰 도와드리고, 길을 잃고 우는 아이들에게는 사탕을 나눠 주기도 해요. 그러고는 친절하게 길을 알려 주고 엄마, 아빠를 찾아 준답니다.

'삼촌은 자기가 착한 사람이라는 걸 슬쩍 감추고 싶은 거야.'

도미는 그런 삼촌이 은근히 멋지다고 생각했어요. 이다음에 크면 삼촌처럼 제복을 입는 경찰이 되고 싶다는 꿈을 품었지요.

그날은 삼촌이 어쩐 일인지 도미에게 먼저 밖으로 나가자고 말했어요.

"한번도 먼저 어딜 가자고 말한 적 없는 삼촌이 웬일이지?"

"왈왈!"

강아지 베베도 이상하다는 듯 짖었어요.

"뭐해, 나갈 준비를 해야지."
"좋아!"
도미랑 베베는 얼른 옷을 갈아입었어요.
'삼촌이랑 공원에 놀러 가다니, 이게 웬일이야!'
그렇게 얼마나 걸었을까, 삼촌이 낡은 골목 앞에 우뚝 멈추어 섰어요. 그 골목은 공원으로 가는 지름길이었지요.
"삼촌, 공원으로 가는 거죠? 이 골목은 공원으로 가는 지름길인 거 알아요!"
"아니, 너한테 이 길로는 절대 가면 안 된다는 걸 알려 주려는 거란다."

"왜요?"

도미가 묻자 삼촌이 이야기를 꺼냈어요.

"며칠 전 내가 순찰을 돌고 있을 때였어. 조그마한 꼬마가 골목 안에서 공놀이를 하고 있길래 골목에서 공을 차면 위험하다고 얘기해 주려 했지. 그때였어."

삼촌이 꼬마에게 다가가려는데 웬 남자가 나타나더니 꼬마를 향해 사정없이 소리를 지르더래요. 남자는 차마 입에 담기도 힘들 정도로 험하고 지독한 욕설을 거침없이 내뱉었다고 해요.

놀란 꼬마가 두 눈을 멀뚱멀뚱 뜨고 남자를 바라보았겠죠. 그러자 남자는 당장이라도 꼬마를 때릴 것처럼 달려갔대요.

삼촌이 "대체 무슨 일입니까?" 하고 묻자 남자가 삼촌을 노려보았대요. 그러고는 휙 돌아서 후다닥 사라져 버렸다지 뭐예요.

"삼촌이 아는 사람이었나요?"

삼촌은 그 얼굴을 분명 본 것 같은데 언제, 어디서 본 것인지 기억이 나지 않는다고 했어요.

"그 남자의 눈빛은 정말 섬뜩했어. 그렇게 기분 나쁜 눈빛을 가진 사람은 처음이었어."

삼촌은 위험한 남자가 언제 다시 이 골목에 나타날지 모른다고 했어요. 그러니 공원에 가려거든 절대 골목으로 다니지 말라고 경고하듯 말했지요.

삼촌은 골목길 안쪽에 있는 파란 대문집을 빤히 바라보았어요. 베베도 파란 대문집을 보고 혀를 날름날름거리며 꼬리를 흔들었지요. 그건 그 집에 베베도 아는 사람이 산다는 뜻이었어요.

"저 파란 대문집은 삼촌이랑 친한 박사님이 사는 집이었죠?"

도미의 말에 삼촌은 고개만 끄덕였어요.

"이름이 뭐였더라. 특이한 분이었는데."

"지킬."

"아, 맞다!"

도미랑 베베는 지킬 박사를 몇 번 본 적이 있어요.

지킬 박사는 삼촌과 가끔 만나서 맥주를 마시곤 했거든요. 도미가 꾸벅 인사를 하면 지킬 박사는 항상 주머니에서 용돈을 꺼내 주셨어요. 그리고 머리를 쓰다듬으며 "도미야, 삼촌처럼 훌륭한 사람이 되어야 한다."고 얘기하셨지요.

도미가 지킬 박사를 기억하는 건 삼촌의 친구 중에 제일 키가 크고 잘생긴 데다가, 성격도 시원시원해서였어요.

"요즘 지킬 박사님은 왜 안 놀러 와요?"

"바쁜가 보지."

삼촌은 짧게 대답하고 집으로 돌아가자고 말했어요.

삼촌이랑 같이 공원을 산책하는 줄 알고 잔뜩 들떴던 도미는 바람 빠진 풍선처럼 축 늘어진 채 집으로 돌아왔지요.

집에 가니 엄마가 저녁 준비를 하고 계셨어요. 장바구니를 뒤적거리던 엄마가 뭔가 생각난 듯 무릎을 탁치며 말했어요.

"동훈아, 너한테 편지가 왔던데?"

"편지?"

"그래, 좀 삐뚤빼뚤한 글씨고 '한동훈에게'라고 쓰여 있었어."

"누가 보낸 편지였어?"

"지킬이라는 이름이 있던데?"

지킬 박사라는 말에 삼촌의 표정이 굳었어요. 삼촌은 얼른 방으로 들어가더니 쾅 소리가 날 정도로 문을 세게 닫았지요.

도미는 삼촌의 행동이 어딘가 수상쩍다고 생각했어요.

그날 오후, 삼촌이 어딘가로 급하게 외출을 했어요.

도미의 엄마가 어딜 가는 거냐고, 저녁은 어떻게 할 거냐고 물었지만 삼촌은 바쁘다며 대꾸조차 하지 않았지요.

삼촌이 나가자마자 도미는 삼촌의 방에 몰래 들어갔어요.

"왈왈!"

베베가 나쁜 짓이라는 듯 도미를 향해 짖었어요.

물론 도미도 주인 없는 방에 함부로 들어가면 안 된다는 건 잘 알아요. 하지만 편지의 내용이 궁금해서 견딜 수가 없었어요.

"나도 알아, 이러면 삼촌한테 혼난다는 거."

"왈왈!"

베베가 말렸지만 도미는 삼촌 방으로 성큼 들어갔어요. 그리고 주변을 두리번거리며 살폈지요. 혹시 삼촌과 지킬 박사에 대한 단서가 있나 하고 찾아본 거예요.

"베베, 너도 지킬 박사에 관해 이야기하던 삼촌의 표정이 엄청 이상하지 않았니? 틀림없이 둘이 싸운 거야!"

"꾸웅!"

도미는 아까 지킬 박사가 보낸 편지가 삼촌과 절교하자는 편지일 거라고 생각했어요.

"난 삼촌 물건을 함부로 뒤지는 게 아니야. 두 사람을 화해시켜

주려고 애쓰는 것일 뿐이라고."

"왈!"

"그러려면 대체 둘이 왜 싸웠는지 알아야 하잖아. 그러니까 편지를 몰래 읽어볼 수밖에 없다고."

도미는 삼촌의 책상을 뒤지기 시작했어요. 책상 서랍을 열자 여러 통의 편지 꾸러미가 발견되었어요.

"엇, 보낸 사람이 전부 지킬 박사네?"

도미는 지킬 박사가 보낸 편지들 가운데 가장 위에 놓인 것을 골랐어요. 삼촌이 막 읽은 편지인 듯했지요.

내 친구 동훈에게.
동훈아, 네가 이 편지를 읽을 때쯤이면
내게 무슨 일이 생겼을지도 몰라.
나는 얼마 전에 아주 기분 나쁜 남자를 만났어.
그 남자는 정말 이상한 눈빛을 갖고 있었어.
음침하고, 불쾌하고, 짜증 나는 눈빛이었지.
그 남자가 나를 향해 씨익 웃음을 짓는데
얼마나 무서웠는지 몰라.
그 남자의 이름은 하이드라고 해.
나는 그 사람이 싫어. 무서워.
하지만 만약 내가 죽으면
하이드에게 나의 모든 재산을 남겨야만 해.
아…… 하고 싶은 말은 정말 많은데
너에게조차 자세히 설명할 수 없구나.

"무슨 편지 내용이 이래? 꼭 다시는 못 볼 사람에게 마지막 인사를 하는 것 같잖아."

"왈왈!"

도미는 고개를 갸웃했어요. 삼촌이 밖으로 후다닥 나간 건 지킬 박사가 안전한지 살펴보기 위한 게 틀림없었지요.

도미는 지킬 박사의 편지를 봉투 속에 집어넣으려 했어요. 그때 봉투 안에 들어 있는 쪽지 한 장을 발견하게 되었지요.

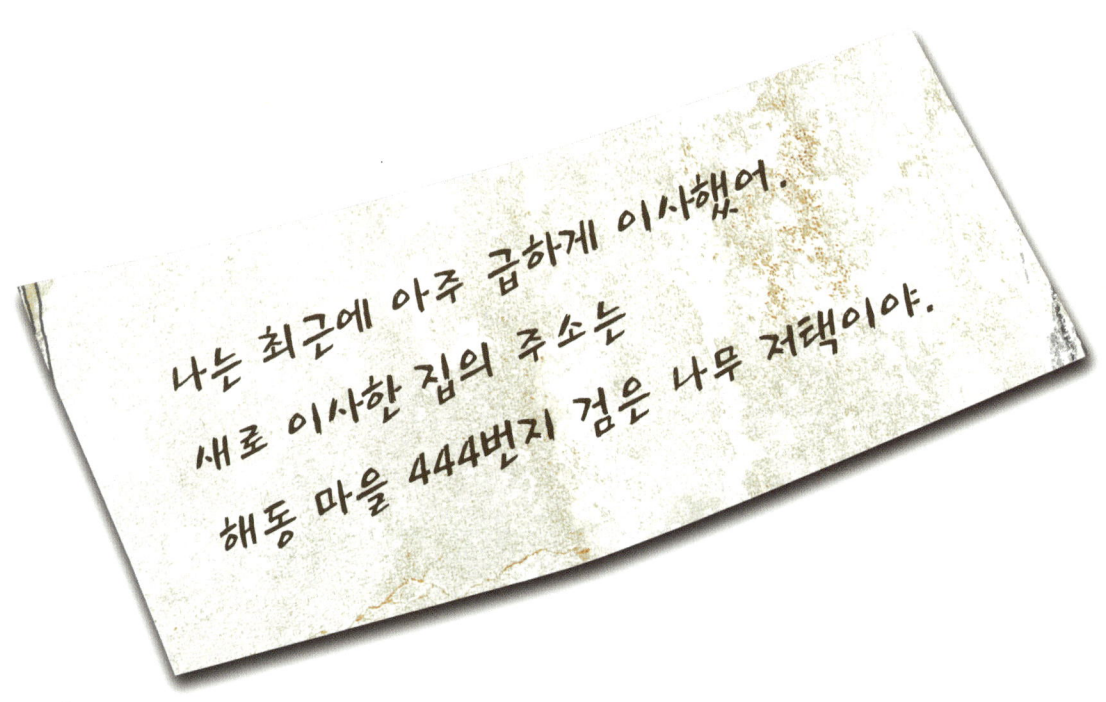

쪽지를 읽은 도미는 삼촌이 걱정됐어요.

지킬 박사가 이사했다는 사실을 모르는 삼촌이 골목에 있는 파란 대문집으로 갔다면 허탕을 치게 될 테니까요.

"삼촌한테 이 쪽지를 알려야만 해!"

도미는 얼른 쪽지를 주머니에 집어넣고 쪼르륵 집 밖으로 달려 나갔어요. 베베도 도미의 뒤를 따라 왔지요.

문 소리를 들은 엄마가 이 늦은 시간에 어딜 가는 거냐고 소리쳤지만 자세히 대꾸할 틈도 없었어요.

"엄마, 다녀와서 얘기할게요!"

"뭐?"

"삼촌한테 가려는 거예요!"

이렇게 대꾸한 도미는 공원으로 가는 지름길이 있는 골목을 향해 힘껏 뛰었어요. 베베도 도미의 뒤를 쫓아 달렸고요.

"헉헉!"

골목 앞에 있는 파란 대문집에 도착한 도미는 삼촌을 발견했어요. 삼촌은 아주 심각한 표정으로 집 앞에 서 있었지요.

"삼촌!"

"도미야, 네가 여긴 어떻게!"

"주소, 주소가 바뀌었어요."

"무슨 소리야?"

"지킬 박사가 이사를 했다고요."

도미는 숨을 헐떡거리며 지킬 박사가 쓴 쪽지를 내밀었어요. 그 쪽지를 본 삼촌이 대체 어떻게 된 영문이냐는 듯 도미를 빤히 바라보았지요.

"미안해요. 삼촌이랑 지킬 박사한테 무슨 일이 있는지 너무 궁금해서……."

도미는 편지를 몰래 읽어 보았다는 사실을 털어놓았어요. 그러자 삼촌이 이 일은 나중에 혼내겠다고 말하고는 서둘러 가기 시작했어요. 지킬 박사가 새로 이사한 곳으로 가는 게 틀림없었지요.

"삼촌, 같이 가요!"

"왈왈!"

도미랑 베베는 삼촌의 뒤를 쫓아갔어요.

그런데 해동 마을 444번지의 검은 나무 저택은 사람의 인기척이 느껴지지 않는 낡고 허름한 이층집이었어요. 지나가는 사람의 말로는 그 집이 몇 년째 텅 비어 있다지 뭐예요.

"누구슈?"

"여기 사는 사람을 찾아왔어요. 지킬 박사라는 사람이요."

"에? 그 집엔 아무도 살지 않는데?"

"얼마 전에 이사 온 사람이 없다고요?"

"그렇대도."

마을 사람들은 누구도 지킬 박사에 대해 모르는 눈치였어요.

"베베, 지킬 박사는 왜 이사를 간 적도 없으면서 이런 가짜 주소를 편지에 넣어 둔 걸까? 우릴 속이려고 그랬나?"

"왈왈!"

도미는 머리를 긁적거렸어요.

삼촌은 다시 집으로 돌아가야겠다며 성큼 걸음을 재촉했어요. 도미랑 베베는 혹시 삼촌을 놓칠까 봐 잰걸음으로 쫓아갔어요.

인문철학 왕되기

사람은 어떤 마음을 가지고 태어날까?

갓 태어난 아기는 천사 같잖아요? 그러니까 착한 마음을 갖고 태어나는 거 아닐까요?

 눈빛을 보고 그 사람이 착한 사람인지, 나쁜 사람인지 알 수 있을까요?

 글쎄. 그럴 수도 있고 아닐 수도 있지. 인상이 험하지만 친절한 사람도 있고 그 반대 경우도 있으니까.

난 사람들은 기본적으로 착하다고 생각해. 테레사 수녀님처럼 어려운 사람들을 도와주시는 분들이 있잖아. 그리고 우리 주위에도 어려운 친구들을 도와주려고 하는 경우가 더 많고.

하지만 친구들을 심하게 괴롭히는 아이들도 있잖아. 또 동물이 싫다는 이유만으로 먹이에 약을 타거나 때리는 사람들도 있고. 그런 걸 보면 사람들은 못된 마음이 더 큰 것 같아.

그럼 사람의 본성에 대한 입장들을 살펴볼까? 그 후에 사람의 타고난 마음은 변하는지 변하지 않는지에 대해서도 함께 생각해 보면 좋을 것 같구나.

소쌤의 철학 특강

인간은 착하게 태어나! vs 인간은 원래 악하게 태어나!

사람의 본성에 대한 답은 두 가지로 나뉘어. 예를 들어 어떤 사람이 동물을 괴롭히는 장면을 우리가 목격했다고 해 보자고.

철학자 맹자는 사람은 태어날 때부터 착하다고 말해. 그래서 동물을 괴롭히는 사람들을 보면 우리 마음 속에서는 그 동물을 구해 주고 싶은 마음이 자연스럽게 우러나온다는 거지.

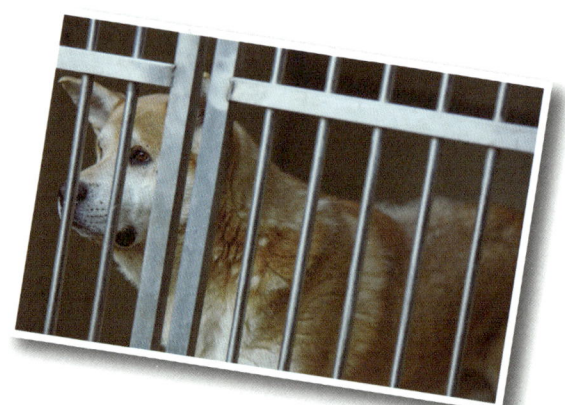

반대로 **철학자 순자**는 사람이 나쁜 마음을 가지고 태어난다고 말하지. 사람들이 동물을 구하겠다는 생각보다는 내가 편한 방법을 선택하는 경우가 많다는 거지. 동물을 괴롭히는 사람과 다투고, 동물을 병원에 데려가는 귀찮은 일을 선택하지 않는다는 거야.

흠, 각자의 입장을 모두 들어 보니 더 헷갈리는걸?

맹자
(기원전 372~기원전 289)

"사람은 기본적으로 네 가지의 마음을 가지고 태어나. 사람을 불쌍히 여기는 마음, 부끄러워하는 마음, 사양하는 마음, 옳고 그름이 무엇인지 아는 마음이지. 이 타고난 네 가지 마음을 오래도록 잘 유지해야 해."

"사양하는 마음은 남이 칭찬해 줄 때 잘난 척하지 않고 고맙게 받아들이며 자신을 낮추는 자세, 좋은 것이 있으면 내가 가지기보다는 남에게 양보할 줄 아는 자세라고 할 수 있단다. 겸손한 태도를 가지는 마음이라고 생각하면 편해."

VS

"사람들은 이기적인 마음을 타고나지. 이렇게 이기심을 가지고 자신이 편한 대로만 하려고 하는 상태에서 커 버린다면 어떤 일이 벌어질까? 몸은 성장한 어른이 되었지만 여전히 다른 사람들을 배려할 줄 모르고 자신만 생각하는 이기적인 사람이 되겠지. 아마 사회는 혼란스러운 상태가 될 거야."

"서로에게 피해를 주지 않고 살기 위해서는 교육이 중요하단다. 우리가 살고 있는 세상 속의 규칙과 법을 알아 가고 예의범절을 배우면서 사회의 질서를 유지하는 데 필요한 태도를 배워야 하지."

순자
(기원전 298?~기원전 238?)

붕어빵 도둑

　삼촌과 도미, 베베는 역 앞에 있는 버스 정류장에 내렸어요. 도미네 집은 버스 정류장에서 오 분 정도 거리예요.
　"집에 먼저 들어가도록 해."
　"삼촌은?"
　"다시 확인할 것이 있어."
　도미는 삼촌이 틀림없이 골목에 있는 파란 대문 집으로 돌아갈 거라고 추리했어요.
　"베베, 지킬 박사는 일부러 삼촌을 따돌리려고 가짜 주소를 보낸 거야. 그렇지 않고서는 아무도 살지 않는 허름한 주택의 주소를 알려 줄 리가 없잖아."
　"왈왈!"

베베도 도미의 추리가 맞다는 듯 고개를 끄덕였어요. 삼촌도 도미, 베베랑 비슷한 생각을 하는 듯했지요.

"삼촌, 같이 가면 안 돼요?"

"안 돼, 이건 어른들의 일이야."

"치!"

"그건 그렇고 또 삼촌 방을 함부로 뒤졌다간 혼이 날 줄 알아!"

삼촌의 말에 베베는 꼬리를 축 내렸어요.

그때 저 멀리서 사람들이 모여 수군거리는 소리가 들렸어요. 삼촌이 그곳으로 달려가자 도미와 베베도 뒤를 따랐어요.

"세상에, 저 사람 말이야! 할머니한테 저렇게 함부로 해도 되는 거야?"

"너무 기분 나쁜 눈빛을 가진 사람이야!"

"아까 그 목소리 들었지? 정말 소름이 끼쳤어!"

삼촌이 사람들 사이를 비집고 들어갔어요. 그러자 붕어빵 할머니가 나타났지요.

"엇, 할머니!"

도미는 붕어빵 파는 할머니랑 친해요. 학교가 끝나면 거의 매일 붕어빵을 사 먹으러 가거든요. 붕어빵 할머니네 붕어빵은 다른 붕어빵이랑은 비교도 할 수 없을 정도로 쫀득쫀득하고 맛있어요. 도미는 항상 슈크림 붕어빵, 팥 붕어빵을 하나씩 사 먹고는 했지요.
"도미야!"

"무슨 일이 있으세요? 우리 삼촌한테 말해 보세요. 우리 삼촌은 경찰이라서 해결하지 못하는 일이 없어요!"

도미의 말에 붕어빵 할머니는 잠시 망설이더니 입을 열었어요.

"글쎄, 어떤 남자가 갑자기 오더니 배가 고프다며 여기 있는 붕어빵을 몽땅 가져가 버렸지 뭐야."

"돈은요?"

"내가 돈을 내라고 했지. 그랬더니 돈 대신 이런 쪽지를 줬어."

붕어빵 할머니가 삼촌에게 쪽지를 내밀었어요.

삼촌은 쪽지를 한참 들여다보더니 물었어요.

"그 남자에 대해 기억나는 건 뭐든 좋으니 얘기해 주세요."

"그 남자가 나를 째려보더니 아주 기분 나쁜 목소리로 '난 내가 하고 싶은 대로 할 거야! 난 지금 배가 고프다고!' 이렇게 말하지 뭐요. 아이고, 배가 고프다고 남의 걸 훔치다니! 내 평생 살면서 그런 사람은 처음 봤다오."

할머니가 혀를 끌끌 차며 말했어요.

그 얘기를 들은 도미는 갑자기 궁금증이 생겼어요.

"사람이 정말 너무너무 배가 고프면 남의 것이라도 훔쳐 먹을 수 있는 거 아닐까? 당장 내가 죽지 않으려면 어쩔 수 없잖아."

도미의 말을 들은 베베가 끄응 소리를 냈어요.

"아닌가? 배가 고파서 죽을 것만 같아도 남의 것을 훔치는 건 나쁜 일이니까 참아야 하는 걸까? 나쁘다는 기준이 뭔지 모르겠어."

"남의 것을 훔치는 건 범죄야. 차라리 그 정도로 배가 고팠다면 남에게 도움을 청했어야지."

도미의 말을 들은 삼촌이 딱 잘라 말했어요.

도미는 삼촌의 말에 반박하고 싶었지요.

"하지만 도움을 청할 수 없을 정도로 배가 고팠을 수도 있잖아요. 이대로 가면 내가 죽을 지경이니 남의 것을 어쩔 수 없이 훔친 경우라면 이해해 줘야 하는 거 아닐까요? 엄청 비싼 것도 아니고

겨우 붕어빵이잖아요."

"남의 것을 훔치는 건 크든 작든 잘못된 거야."

"그건 알아요. 하지만 정말정말 죽을 정도로 배가 고프다면 말이에요. 장 발장도 너무 배가 고파서 빵을 훔쳤던 거잖아요."

"그래, 그런 경우엔 이해를 해 주고 도움을 줄 수도 있겠지. 하지만 이건 달라."

"왜요?"

도미가 고개를 갸웃하자 삼촌이 쪽지를 내밀며 말했어요.

"**그렇다면 적어도 그 남자는 '내 맘이야'라는 쪽지를 주지 않았겠지.** 사정이 있는 사람이 너무 배가 고파서 그런 일을 저질렀다면 다시 생각해 볼 수 있을지도 몰라. 하지만 할머니의 붕어빵을 훔쳐 간 남자는 동정할 가치도 없어."

순간 도미는 고개를 갸웃했지요.

"왜 그러니?"

"이 글자랑 비슷한 걸 본 것 같아서요. 어디서 봤더라?"

"끄응!"

베베도 고개를 갸웃하며 끙끙거렸어요.

"맞다, 지킬 박사가 쓴 편지 속의 글자랑 이거랑 닮았어요."

"뭐?"

도미의 말에 삼촌은 얼른 편지를 펼쳐 보았어요.

아니나 다를까, 편지 속의 글자는 붕어빵을 훔쳐 간 남자가 내민 쪽지의 글자와 똑 닮아 있었지요.

"넌 어서 집으로 돌아가."

삼촌은 서둘러 어디론가 향했어요.

도미는 그곳이 어딘지 굳이 물어보지 않아도 알 것 같았지요.

"베베, 우리도 지킬 박사 집으로 가자!"

도미는 삼촌이 눈치채지 못하도록 살금살금 뒤를 따라갔어요. 베베도 졸랑졸랑 도미의 뒤를 따라갔지요.

도미가 골목에 있는 파란 대문 집에 도착했을 때는 이미 집 안에 불이 켜져 있었어요. 게다가 대문도 살짝 열려 있고, 집 안으로 들어가는 문도 채 닫히지 않은 상태였지요.

"베베, 우리도 들어가자!"

"왈!"

도미는 살금살금 지킬 박사의 집으로 들어갔어요. 그때 문틈 사이로 지킬 박사와 삼촌이 마주 앉아 있는 모습이 보였지요.

삼촌은 아주 심각한 표정으로 지킬 박사에게 물었어요.

"이사를 갔다더니 아직 안 갔나 보군?"

"아, 갔어. 그런데 집이 마음에 들지 않아서 다시 돌아왔네."

"혹시 아까 역 앞에 있는 정류장에 가지 않았나?"

"아니, 난 그런 곳에 간 적이 없어."

"정말인가?"

"그렇대도."

그때였어요. 킁킁거리며 냄새를 맡던 베베가 화단 사이에서 뭔가를 발견했어요. 그건 바로 붕어빵을 담는 봉투였어요. 봉투에는 아직도 따끈따끈한 기운이 남아 있었어요. 게다가 그 봉투는 노란 우편 봉투를 반으로 잘라 만든 것으로 붕어빵 할머니네 가게에서만 쓰는 봉투였지요.

"삼촌, 지킬 박사님이 거짓말을 하고 있어요. 여기 붕어빵 할머니네 가게에서만 쓰는 봉투가 있다고요!"

"흠!"

삼촌은 지킬 박사를 묵묵히 바라보았어요.

"휴, 좋아. 자네에게 모든 걸 말하겠네. 역 앞에서 붕어빵을 훔친 건 내가 아니라 하이드라는 남자였어."

"뭐?"

"하이드라고? 혹시 자네가 모든 재산을 주겠다는 그 남자를 말하는 건가?"

삼촌은 어째서 그런 나쁜 악당을 친구로 사귄 거냐고 따지듯 물었어요. 그러자 지킬 박사는 어쩔 수 없는 이유로 하이드를 돌봐 줄 수밖에 없다고 얘기했어요.

"대체 무슨 이유인데?"

삼촌이 따지듯이 묻자 지킬 박사는 한숨을 쉬었어요.

"그 친구도 불쌍해. 부디 편견을 갖지 말고 그 친구를 돌봐 주게. 내가 없으면 그 친구가 나의 모든 것을 물려받을 수 있도록 너그럽게 대해 주길 바라."

"아니, 난 그런 악당을 존중해 줄 수 없네."

"우리 우정을 생각해서라도 내 부탁을 들어주게. 다시 한번 말하지만, 만약 내가 3개월 이상 실종되는 일이 생기거든 나의 모든 재산을 하이드에게 물려줄 수 있도록 도와줘."

도미는 귀를 쫑긋 세우고 삼촌과 지킬 박사의 이야기를 들었어요. 그때 삼촌이 갑자기 벌떡 일어서더니 도미에게 그만 집으로 돌아가라고 했지요.

"왜요?"

"언제까지 어른들의 이야기를 엿들을 셈이니?"

삼촌은 도미에게 어른들 말을 엿들으면 나쁜 아이가 되는 거라고 꾸짖었어요. 도미는 지킬 박사와 하이드에 대한 이야기를 더 알고 싶었어요. 하지만 삼촌의 무서운 표정 때문에 더는 그 집에 머물 수가 없었지요.

도미는 찜찜한 마음을 안고 집으로 돌아갔어요.

"피, 난 왜 어른들이 시키는 대로 해야 하는 건지 모르겠어."

"왈!"

베베도 마찬가지라는 듯 꼬리를 흔들었어요.

"생각해 봐, 왜 어른들의 말을 들으면 착한 거고, 말을 안 들으면 나쁜 아이인 거야? 어른의 생각이 모두 옳은 것은 아닐 텐데 어째서 어른들의 말을 들으면 착하다고 하는 거지?"

도미는 이 순간 베베가 사람처럼 말을 할 수 있었으면 하고 간절히 바랐어요. 그러면 아주 수다스럽게 서로의 생각을 이야기할 수 있을 텐데!

"난 대부분의 상황에서는 착하게 행동한다고. 다만 호기심이 좀 많을 뿐이야. 그런데 삼촌은 내가 호기심 때문에 말을 몰래 엿들은 것을 가지고 나쁜 아이라고 얘기를 해. 난 교통 신호도 잘 지키고, 쓰레기도 안 버리고, 어른들께 예의 바르게 행동한다고 늘 칭

찬을 받는데 말이야."

"왈왈!"

도미는 삼촌이 지킬 박사와 무슨 이야기를 나눌지 궁금해 견딜 수가 없었어요. 붕어빵 할머니의 붕어빵을 가져간 사람이 누구인지도 몹시 궁금했지요.

인문철학 왕 되기

붕어빵을 훔친 건 용서 받지 못할 일일까?

만약 하이드가 배가 너무 고파서 쓰러지기 일보 직전이었어도, 훔치는 건 잘못된 행동일까요?

 그런데 꼭 도둑질이 나쁜 일이라고만 할 수 있을까? 만약에 집에 굶고 있는 가족이 있다면?

 하지만 하이드는 나쁜 일을 했는데도 전혀 반성하거나 잘못을 뉘우치는 태도가 아니야. 문제가 있다고.

 그야 당연히 나쁜 의도에서 시작되어 나쁜 결과로 이어진 경우지요.

 우리가 나쁜 의도를 가지고 한 행동이어도 결과는 좋을 수도 있어. 마찬가지로 좋은 의도를 가지고 한 행동이어도 그 결과는 나쁠 수 있단다. 이렇게 의도와 결과는 다르게 나타나기도 해. 자 그렇다면, 하이드가 남의 것을 훔친 일은 어떤 경우일까?

 허허. 그렇다면 가족이 배고픈 경우는?

 그건 좋은 의도에서 시작했지만 사회의 규칙을 어기고 남에게 피해를 주는 나쁜 결과를 가져왔다고 생각해요.

장 발장 이야기

장 발장 이야기를 들어본 적 있니? 프랑스 작가 빅토르 위고의 『레 미제라블』 소설 속 주인공이 바로 장 발장이란다. 이야기를 읽고 과연 장 발장의 행동이 옳은 것인지, 한번 생각해 보자꾸나.

장 발장은 굶주리는 일곱 조카를 위해 빵 한 조각을 훔친 죄로 19년간 감옥살이를 해. 감옥에서 보낸 시간이 길어질수록 마음이 삐뚤어지고 사람들에 대한 원망과 증오를 품게 되었지. 교도소를 출소한 후 갈 곳이 없던 장 발장은 미리엘 주교의 집에서 묵게 돼. 그곳에서도 몰래 은식기와 은촛대를 훔쳐 도망가다가 잡히고 마는데 미리엘 주교는 장 발장이 훔친 은식기와 은촛대를 선물로 주지. 이에 감동한 장 발장은 죄를 용서 받기 위해 남은 일생 동안 착한 일을 하며 살아가려 한단다. 그 역시 완벽한 인간은 아니라서 유혹에 흔들리는 때가 없는 것은 아니지만, 고민 끝에 선한 행동을 하려고 노력하지.

▲ 귀스타브 브리옹의 장 발장 삽화
(출처: 나무모에)

◀ 은식기와 은촛대를 선물로 주는 미리엘 주교(영화의 한 장면)

▶ 도망치는 장 발장

이 이야기에서 사람들의 의견이 갈리는 부분은 바로 이 부분이야.
장 발장이 빵을 훔친 행동은 과연 옳은 행동일까?

옳다고 생각하는 입장은 장 발장의 처지와 환경을 이야기해.
어린 조카들이 굶어 죽기 일보 직전이었던 상태인 데다가, 장 발장이 훔친 건 겨우 빵 한 조각이었지. 가족의 생계가 달린 문제이기 때문에 장 발장의 행동은 어쩔 수 없는 선택이었다는 거야.
반면, 옳지 못하다고 생각하는 입장은 사회가 정한 법과 규범을 이야기하지.
장 발장의 사연은 안타깝지만, 법은 누군가에게 예외로 작용하는 순간 의미가 사라지거든. 모두가 약속한 사회의 법을 예외없이 지켜야 공동체의 질서가 유지돼. 배가 고프다고 해서, 너도나도 빵을 훔친다면, 사회가 제대로 유지될 수 없겠지?

장 발장이 빵을 훔친 것처럼,
이유 있는 나쁜 짓은 해도 되는 걸까?
너희는 어떻게 생각해?

> 가족의 생계냐, 사회와의 약속이냐, 그것이 문제로다.

지킬 박사의 정체

"베베, 지킬 박사는 왜 자신에게 3개월 동안 연락이 없으면 모든 유산을 하이드에게 물려주라고 한 걸까? 이 말이 이상하지 않아?"

"왈왈!"

도미는 아무리 생각해도 지킬 박사가 3개월이라는 기간을 정해 둔 것이 마음에 걸렸어요. 그건 삼촌도 마찬가지였던 것 같아요.

삼촌은 하루에도 몇 번씩 지킬 박사의 집 앞을 찾아가서 살펴보았지요. 혹시 무슨 일이 생긴 건 아닌지, 하이드라는 사람이 갑자기 나타나는 건 아닌지 지켜보려고 했던 거예요. 도미랑 베베는 가끔 골목 안쪽에 있는 파란 대문을 찾았다가 삼촌이 서 있는 것을 보고 화들짝 놀라 숨곤 했어요.

그날도 도미랑 베베가 지킬 박사의 집을 엿보려고 골목으로 살금살금 걸어가고 있을 때였지요. 골목 앞에 삼촌이 떡하니 서 있지 뭐예요.

"헉, 삼촌이다!"

"왈왈!"

"쉿! 베베, 얼른 숨자. 삼촌한테 들키면 또 잔소리 폭탄을 던질 거야. 평소엔 말이 없다가 이런 일엔 유달리 잔소리가 많단 말이지, 우리 삼촌은!"

그때 지킬 박사의 집에서 누군가 나오는 게 보였어요.

삼촌은 얼른 골목 안쪽으로 몸을 숨겼어요. 도미랑 베베의 바로 맞은편에 삼촌이 숨어 있었지요.

도미는 삼촌에게 들킬까 봐 걱정이 되면서도 대체 지킬 박사의 집에서 나온 사람이 누구인지 궁금하기도 했어요. 그래서 목을 길게 빼고 지킬 박사의 집을 지켜보았지요.

집 밖으로 나온 건 아주 특이하게 생긴 남자였어요. 남자는 아주 험상궂은 인상에 사나운 눈빛을 갖고 있었어요. 삼촌은 갑자기 앞으로 불쑥 나가더니 남자의 어깨를 붙잡았어요.

"당신이 하이드 씨죠?"

순간 하이드는 흠칫 뒤로 물러서며 숨을 들이마셨다가 코로 펑

내쉬었어요.

"그렇소, 무슨 일이오?"

"나는 지킬 박사의 오랜 친구인 한동훈입니다. 아마 그쪽도 내가 누군지 알고 있을 텐데요."

"지금 지킬 박사는 집에 없습니다. 지킬 박사를 찾아온 거라면 그냥 돌아가시는 게 좋을 겁니다."

하이드가 삼촌을 피하려는 듯 몸을 앞으로 내밀었어요. 삼촌은 그런 하이드를 막으며 말했지요.

"잠시 얘기 좀 나누시죠."

삼촌의 말에 하이드는 망설이는 표정을 지었어요. 도미는 하이드가 어딘가 수상쩍다고 생각했어요. 하이드는 뭔가를 감추고 있는 듯 초조하고 불안한 표정을 지었지요.

"베베, 하이드라는 사람에게 시커먼 비밀이 있는 게 분명해. 지킬 박사의 집에 몰래 들어온 것만 봐도 이상하잖아. 게다가 뭔가 알고 있는 듯한 표정이야."

도미가 이렇게 중얼거릴 때였어요.

갑자기 하이드가 삼촌을 툭 밀치더니 자기는 바빠서 더 이상 시간을 끌 수 없다고 말했어요. 그러고는 부랴부랴 달

아나듯 가 버렸지요.

　이튿날, 도미랑 베베는 아침 일찍 지킬 박사의 집을 찾아갔어요. 밤사이 하이드가 나타나 지킬 박사에게 나쁜 짓을 한 건 아닐까 걱정됐던 거예요. 그런데 삼촌이 나타났지 뭐예요.

　"이크!"

　도미가 화들짝 놀라 두 눈을 휘둥그렇게 뜰 때였어요.

　삼촌이 도미를 힐끗 노려보더니 대체 왜 여기 있는 거냐고 따지려 했지요. 도미가 우물쭈물 망설이는데 지킬 박사가 파란 대문을 열고 나오지 뭐예요.

　"헉, 지킬 박사님, 무사하셨군요!"

　도미가 반갑게 외치자 지킬 박사는 대체 무슨 일이 있었느냐는 듯이 고개를 갸웃했어요.

　"어제 하이드라는 사람을 만났어. 그자가 자네의 집에서 나오고 있었네."

　"아니, 어제 우리 집엔 아무도 들어오지 않았어."

　"하지만 내가 분명히 보았어."

　삼촌의 말에 도미가 불쑥 끼어들었어요.

　"맞아요, 나랑 베베도 하이드를 봤어요."

"뭐?"

삼촌이 놀란 듯 두 눈을 치켜떴어요.

"실은 지킬 박사님이 안전한지 걱정이 돼서 그만……."

도미가 말하자 지킬 박사의 표정이 어두워졌어요.

"지킬, 무슨 일이야?"

삼촌이 묻자 지킬 박사는 아주 심각한 목소리로 말했어요.

"난 지금 아주 고통스러운 상황에 처해 있어."

"무슨 일인데? 내가 도와줄게!"

"아무도 나를 도울 수는 없어. 왜냐하면 난……."

무언가를 말하려던 지킬 박사가 갑자기 가슴을 쥐어뜯으며 괴로워했어요. 삼촌은 쓰러질 것 같은 지킬 박사를 부축해서 집으로 들어갔지요. 도미랑 베베도 얼떨결에 삼촌을 돕느라 집 안으로 들어갔어요.

그런데 지킬 박사의 집 안은 전과 달리 엉망진창이었어요. 책상에는 비커와 눈금 실린더 같은 실험 도구가 여기저기 어지럽게 흩어져 있었어요. 엎어진 유리컵에서는 정체를 알 수 없는 액체가 흘러 나오고 있었고요. 집 안에는 이상한 냄새가 가득하지 뭐예요.

"베베, 절대 아무것도 만지지 마. 위험해."

도미가 단호하게 말하자 베베가 살짝 뒤로 물러섰어요.

지킬을 부축하던 삼촌의 표정도 어두워졌어요.

"으윽!"

지킬 박사가 괴로운 듯 앓는 소리를 냈어요.

"좀 괜찮은가?"

"물, 물 좀……."

그 말에 도미가 얼른 주방으로 달려갔어요. 도미는 물을 찾으려고 두리번거리다가 이상한 약통 하나를 발견했어요.

그 약통에는 '하이드'라는 이름이 쓰여 있었지요.

"이게 대체 뭐지?"

도미는 고개를 갸웃하며 약통을 집어 들었어요. 그 순간 지킬 박사가 갑자기 약통을 낚아채지 뭐예요.

"그 약 이리 내!"

놀란 도미는 그 자리에 풀썩 주저앉아 버렸어요.

"미안, 미안하다."

당황한 지킬 박사는 자기가 너무 예민하게 군 것을 사과했어요.

"박사님, 그 약은 하이드라는 사람의 것인가요?"

"아니야!"

"하지만 제가 분명히 봤어요. 그 약통에 하이드라는 이름이 쓰여 있는 걸요."

"그, 그건……."

그때 삼촌이 다가왔어요.

"이제 그만 비밀을 털어놓게. 자네와 하이드라는 사람은 무슨 사이인지."

당황한 지킬 박사는 잠시 망설이더니 입을 열었어요.

"실은 하이드가 바로 나야."

"네?"

"말도 안 돼! 그 사람은 키도 작고 덩치도 왜소했는데."

"이 약을 먹으면 그렇게 모습을 바꿀 수 있다네."

지킬 박사는 인간의 착한 마음과 악한 마음을 따로 분리해 낼 수 있으면 좋겠다는 생각을 했대요. 그러면 착한 사람은 착한 사람끼리 모여 살 수 있고, 악한 사람은 악한 사람끼리 살 수 있을 테니까요.

마음을 분리하는 약을 개발하던 지킬 박사는 문득 착한 사람이 악한 사람으로도 변할 수 있는지 궁금해졌다고 해요. 그래서 착한 마음을 없애는 약을 만들어보기로 했다지요. 지킬 박사의 실험은 성공이었어요.

"이 약을 먹었더니 내 안의 착한 마음이 사라지고 전혀 다른 인격을 가진 하이드라는 사람이 나타났어."

"그럼 골목에서 꼬마에게 소리치던 것도 너였단 말이야?"

"그래, 하이드로 변한 나였지."

"어째서? 넌 내가 아는 사람 중에 가장 착하고 모범적인 사람이었어. 그런 네가 어떻게 어린 꼬마를 상대로 소리나 지르고 할머니의 붕어빵을 훔쳐 가는 짓을 저지르게 된 거지?"

"나도 그걸 일일이 다 설명할 수는 없어. 이 약을 먹었더니 내가 변했다는 것밖에!"

지킬 박사는 하이드로 변하자 평소에는 절대 할 수 없을 것 같았던 일들을 서슴없이 할 수 있게 되었다고 했어요.

그 말을 들은 도미는 과연 선함과 악함이라는 감정은 사람의 마음속 어디에 있는 것인지 궁금해졌어요. 또 착한 것과 악한 것은 누가 정하는 것인지도 궁금해졌지요.

'붕어빵 할머니의 붕어빵을 훔치는 게 악한 행동이라는 건 누가 정한 거지? 처음부터 남의 것을 빼앗아도 된다고 정해 놨으면 지킬 박사가 한 행동은 나쁜 행동이 아니었을지도 몰라.'

도미가 이런 생각을 할 때였어요. 지킬 박사의 모습이 점점 변하기 시작했어요. 갑자기 부드럽던 눈빛이 아주 험상궂고 사납게 바뀌기 시작했지요. 지쳐 있던 얼굴도 점차 일그러졌어요. 그 모습을 본 도미는 덜컥 겁이 났어요.

"으르렁!"

베베도 겁을 먹은 듯 뒷걸음을 치며 으르렁거렸어요.

"지킬, 정신 차려! 넌 원래 아주 착한 사람이라고!"

삼촌이 소리치자 하이드로 변하기 직전의 지킬 박사가 기분 나쁜 표정으로 물었어요.

"원래의 내가 착한 사람이면 지금의 난 악한 사람이란 뜻인가? 내가 무슨 짓을 했다고 악하다고 하는 거야? 법을 지키지 않은 게 악한 이유인가? 법을 정한 건 다른 사람들이었어. 내가 만약 법을

정할 권리가 있었다면 남의 것을 훔치고 부수라고 했을 거야. 어른을 보면 때리고 욕하라고 했을 거고."

"그건 말도 안 되는 일이야!"

"어째서? 착하다는 기준은 누가 정하는 건데? 악하다는 기준은 또 누가 정하는 건데?"

"그, 그건!"

삼촌은 곧장 대답하지 못하고 우물쭈물 망설였어요. 그러자 하이드로 변한 지킬이 삼촌을 노려보더니 이렇게 말했지요.

"난 다른 사람들이 만든 규범에 복종하고 싶지 않아! 난 내 마음대로 하고 살 테야."

그 말을 들은 도미는 언젠가 자기가 했던 생각이 떠올랐어요.

엄마랑 아빠랑 삼촌은 항상 어른들 말을 잘 들어야 한다고 가르치시죠. 그런데 왜 그래야 하는 건지 도미는 이유를 이해하기가 힘들었어요.

"왜 엄마가 시킨 대로 해야 하는데요?"

"엄마가 옳은 걸 가르쳐 줬으니까."

"하지만 가끔 심부름하라거나 게임을 하지 못하게 하거나 엄마 마음대로 결정한 일을 시키기도 하잖아요."

"그래도 어른의 말씀은 따라야 해. 그래야 착한 아이라고."

도미는 엄마가 그렇게 말을 할 때마다 고개를 갸웃했지요.

그 질문을 하이드도 삼촌에게 똑같이 하는 거예요.

"다신 날 찾지 마!"

하이드는 이렇게 말하고는 도망치듯 밖으로 나갔어요. 삼촌은 그런 하이드에게 멈추라고 소리쳤지요. 하지만 하이드는 성큼성큼 어디론가 달아나 버렸어요.

지킬은 착한 마음과 나쁜 마음을 분리할 수 있다고 생각해서 약을 개발했지. 하지만 착한 마음과 나쁜 마음을 정확히 분리할 수가 있을까?

저는 착하고 나쁜 마음 모두 인간이 가지고 있는 마음이라고 생각해요. 단지 어떤 마음이 더 강하게 나타나는가에 따라 착한 사람과 나쁜 사람이 구분된다고 봐요.

그렇다면 하이드는 다시 선한 마음을 가질 수 있을까요? 꼭 그랬으면 좋겠어요.

많은 철학자들은 인간을 강물과 같은 존재라고 본단다. 강물이 끊임없이 흐르듯, 인간도 끊임없이 변한다는 거지.

소쌤의 창의특강

착한 것과 나쁜 것은 어떻게 정해질까?

'성무선악설'이라는 말이 있어. 사람은 어떤 시대를 사느냐, 어떤 사회에 사느냐에 따라 착할 수도 나쁠 수도 있다는 뜻이야.

시대와 나라마다 착한 행동과 나쁜 행동은 누가 정하는 걸까?

먼저, 같은 사회에 사는 사람들이 합의를 통해 정할 수 있겠지. 그 사람들이 가지고 있는 종교나 그 밖의 생활 방식에 의해 정해질 수 있을 거야. 아니면 권력을 잡은 사람들이 그 나라의 국민들을 더 쉽게 다스리기 위해서도 정할 수 있는 거고. 예를 들어 소를 도축하는 것이 잘못된 행동이라고 벌을 내리는 지역이 있는 반면에 우리나라에서는 그렇지 않지.

◀ 힌두교는 흰 암소를 신성시한단다.

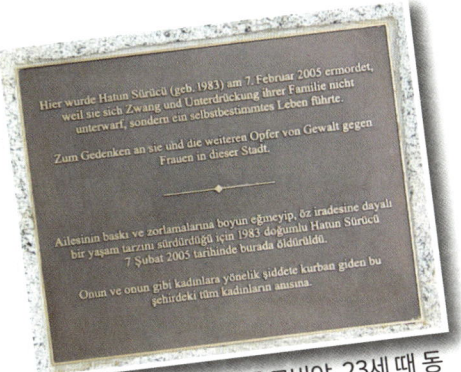
▲ 독일 베를린에 있는 추모비야. 23세 때 동생들에게 명예살인을 당한 터키 여성을 추모하는 내용이란다.

또 몇몇 국가에서 행해지는 명예살인이란 악습이 있어. 집안의 명예를 훼손시켰다는 이유로 가족구성원이나 타인을 죽이는 거야. 사법 기관의 판단 없이 지극히 개인적인 이유로 사람을 살해한다는 게 우리는 이해가 되지 않지? 이처럼 사회적 분위기에 따라 선한 것과 악한 것이 달라서 논란이 되기도 한단다.

착한 것과 나쁜 것은 절대적인 게 아닐 수도 있어!

소쌤의 TIP

성무선악설은 꼭 인간이 착해져야만 하는 것은 아니라고 말한단다. 착해질지, 나빠질지는 순전히 그 사람이 어떤 상황 속에 있는가에 따라 달라진다는 얘기야. 먹고 싶으면 먹고, 가지고 싶은 물건이 있으면 가지려는 마음을 아주 자연스러운 것으로 보았지. 그래서 착해야 한다고 강조하는 것은 인간의 본성을 지나치게 억누르는 일이라고 생각했단다.

비밀 일기장

지킬 박사, 아니, 하이드는 며칠 동안 소식이 없었어요.

삼촌은 지킬 박사가 걱정되어서 계속 파란 대문 집을 찾아갔지만 지킬을 볼 수 없었어요.

도미는 그런 삼촌을 돕고 싶었어요. 그래서 일부러 학교에 갈 때도, 돌아올 때도 지킬 박사의 집까지 갔다가 빙 둘러 왔지요.

그런데 어느 날, 도미는 지킬 박사의 집 대문이 약간 열려 있는 것 같은 느낌을 받았어요.

"베베, 누가 다녀간 것 같지 않아?"

"왈왈!"

도미의 생각이 맞았어요. 현관문이 살짝 열려 있었던 거예요. 도미는 슬그머니 집 안으로 들어갔어요.

"삼촌이 알면 또 불호령이 떨어질 거야! 그러니 최대한 조심조심 숨어서 엿봐야 한다고."

도미는 이게 나쁜 일이라는 걸 잘 알았지만 지킬 박사가 걱정되기도 하고 무슨 일인지 궁금해서 참을 수가 없었지요.

집 안을 살펴보던 도미는 누군가 지킬 박사의 연구실을 뒤진 것 같은 흔적을 발견했어요. 전에는 가지런하게 놓여 있던 눈금 실린더와 비커가 마구 흩어져 있고, 서랍도 여기저기 열려 있었어요.

"엇, 저건 뭐지?"

도미는 서랍 속에서 일기장을 하나 발견했어요.

"남의 일기를 읽으면 안 되겠지?"

하지만 도미는 대체 어떤 내용이 쓰여 있는지 궁금해 견딜 수가 없었지요.

"진짜 잠깐만 읽어 보자고."

"왈!"

베베가 걱정스러운 듯 도미의 옷소매를 잡아당겼어요.

"괜찮아, 별일 없을 거야."

도미도 조금 불안했지만, 지킬 박사를 찾을 수 있는 기회라고 생각하니 멈출 수가 없었어요. 결국 도미는 일기장을 펼쳤어요.

20XX년 3월 2일
드디어 선함과 악함을 분리해 내는 약을 개발했다.
하지만 이 약은 위험하다.
아직 인체 실험을 통과하지 못했으니
다른 사람에게 함부로 먹일 수는 없다.
그래서 나는 이 약을 내가 직접 먹어 보기로 결심했다.
약을 먹자 나는 아주 괴팍하고 못된 사람이 되었다.
사람들이 웃는 모습을 보면 심술이 나고
정해진 것을 지켜야 하는 순간이면 짜증이 난다.
왜 법을 지켜야 하지?

20XX년 5월 1일
아, 원래는 약물의 효과가
12시간밖에 되지 않았다.
그런데 요즘은 약을 먹으면
약효가 점점 길어지는 것 같다.
약을 먹고 나면 내 모습이 점점 이상해진다.
키가 줄어들고 눈빛도 변하고 몸집도 작아진다.
아무도 내가 누군지 알아보지 못한다.
나는 약을 먹고 변한 내 자신에게
하이드라는 이름을 붙여 주기로 했다.

20XX년 5월, 어린이날
아이들이 신나게 노는 모습이 보기 싫어서 훼방을 놓았다.
아이에게 욕도 하고 소리도 지르고 혼을 내 주었다.
가슴이 뻥 뚫린 것처럼 기분이 시원하고 기분이 상쾌했다.
나쁜 짓을 했는데 기분이 좋다니,
나는 원래 악한 사람이었던 게 아닐까?
이런 생각이 들 때마다
새로 개발한 약을 먹는다.

여기까지 일기장을 읽은 도미는 인기척을 느끼고 멈칫했어요.

베베가 꼬리를 팔랑팔랑 흔들었지요.

"여기서 뭐 하는 거니, 도미야."

불쑥 나타난 건 삼촌이었어요.

"사, 삼촌!"

도미는 지킬 박사의 일기장을 보고 있었다고 고백했어요.

순간 삼촌의 눈이 휘둥그레졌어요. 도미가 보고 있던 일기장의 다음 날짜가 바로 오늘이었던 거예요. 지킬 박사가 오늘 집으로 돌아와서 일기를 쓰고 간 게 틀림없었어요.

20XX년 10월 3일

마지막 약을 모두 먹어 버렸다.
나는 이제 지킬 박사로 돌아올 수 없을 것이다.
만약 내가 하이드인 채로 살게 되면 나쁜 짓을 저질러서
감옥에 붙잡혀 가게 될지도 모른다.
나는 나쁜 짓을 저지르지 않기 위해
아무도 모르는 곳에 숨어 지내기로 했다.
다른 사람들에게 피해를 주지 않으려면
이 방법밖에는 답이 없는 것 같다.

지킬 박사는 마지막 장에 하이드가 된 자신이 너무 두렵다고 써 놓았어요. 삼촌은 당장 지킬 박사를 찾아야겠다며 밖으로 나갔어요. 도미랑 베베는 그런 삼촌의 모습을 걱정스럽게 바라보았지요.

그로부터 며칠이 지났지만, 삼촌은 지킬 박사를 찾지 못했어요. 하이드에 대한 소문도 전혀 들을 수가 없었지요.

삼촌은 툭하면 한숨을 쉬며 멍하니 하늘을 바라보았어요. 아마 지킬 박사를 걱정하고 있는 듯했어요.

"삼촌, 왜 그렇게 한숨을 쉬어요?"

"내가 지킬을 도울 방법이 아무것도 없구나. 그게 정말 미안하고 괴로워."

도미는 그런 삼촌의 모습이 안쓰러웠어요. 또 한편으론 왜 그렇게 지킬 박사를 위해 애쓰는 것인지 이해가 잘 가지 않았지요.

"삼촌이랑 지킬 박사는 친구일 뿐이잖아요. 그런데 왜 그렇게 걱정하는 거예요?"

"그건 지킬이 지금 어려움에 처해 있기 때문이지."

"어려움에 처한 사람은 누구든 도와줘야 하는 건가요?"

"그럼, 자기 힘으로 감당하지 못할 어려움에 처한 사람을 돕는 건 당연한 일이야."

하지만 도미는 대체 왜 지킬 박사를 도와야 하는지 이해가 잘 가지 않았어요. 지킬 박사가 실험을 한 것도 자기 마음대로 한 것이고, 약을 먹은 것도 자기 마음대로 한 거잖아요.

"삼촌, 내가 장난감을 갖고 놀다가 집 안을 어지럽히면 엄마는 나를 도와주지 않아요. 내가 한 일이니까 내가 책임을 져야 한다고 말씀하세요. 그런데 삼촌은 왜 지킬 박사를 도와주려는 거예요? 그건 지킬 박사가 한 일이니까 스스로 책임을 져야죠."

"네 말도 맞는 말이야. 하지만 지킬은 스스로 책임을 질 수 없을 정도로 큰 어려움에 빠졌어. 그런 사람을 모른 척할 수는 없어."

동네 사람들은 지킬 박사가 실종된 후 하이드라는 사람이 지킬의 모든 재산을 가져갔다고 수군거렸어요. 도미는 동네 사람들의 이야기를 들을 때마다 지킬 박사가 걱정됐어요.

"베베, 인간의 착한 마음이 사라지고 악한 마음만 남은 하이드는 어떻게 되었을까? 하지 말아야 할 일을 마구 저지르고 다니다가 감옥에 갇힌 것은 아닐까?"

도미는 신문에 범죄 소식이 실릴 때마다 혹시 하이드가 저지른 일은 아닐까 싶어 유심히 보았어요. 하지만 불행인지 다행인지, 지킬 박사나 하이드에 대한 이야기는 어디에도 나오지 않았지요.

그렇게 아주 오랜 시간이 지났어요.

지킬 박사가 살던 파란 대문 집은 잡초가 무성해지고, 아주 많이 낡아 버리고 말았지요. 사람들은 지킬 박사가 살던 집을 유령의 집이라며 멀리했어요. 가끔 그 집을 찾는 사람은 도미랑 베베, 그리고 삼촌밖에 없었지요.

"베베, 오랜만에 지킬 박사님네 집에 가서 청소라도 해 볼까?"

도미는 베베랑 함께 마당에 난 잡초를 뽑기로 했어요. 그런데 골목으로 들어서는 순간 모자를 깊이 눌러 쓴 남자가 불쑥 나타나는 바람에 서로 어깨를 툭 부딪치고 말았지 뭐예요.

"아얏!"

도미가 바닥으로 툭 나뒹굴었어요. 하지만 남자는 미안하다는 말도 하지 않았어요.

"아저씨, 사과는 하셔야죠!"

도미는 남자에게 사과해야 하는 거 아니냐고 따져 물었어요. 그러자 남자가 모자를 슬쩍 올리며 도미를 바라보았어요. 순간 그 눈빛이 얼마나 차갑고 싸늘한지! 도미는 자기도 모르게 뒤로 움찔 물러서고 말았어요.

"내가 왜 사과를 해야 하지?"

"그건 아저씨가 먼저 잘못을 하셨으니까……."

"잘못했다고 해서 꼭 사과하란 법은 없어. 사과도 내 마음이 내킬 때 하면 그만이야. 안 그래?"

순간 도미는 익숙한 남자를 본 것 같다는 생각이 들었어요. 베베도 같은 느낌을 받았는지 남자를 향해 이빨까지 드러내고 으르렁거렸지요.

"아저씨, 혹시 하이드 씨인가요?"

남자는 대답을 하는 대신 골목으로 쓱 걸어갔어요. 도미는 그런 남자를 쫓아갔지요.

"하이드 씨, 삼촌이 걱정하고 있어요! 삼촌을 위해서라도 죄를 짓거나 나쁜 짓을 저지르지 말아 주세요!"

도미의 말에 남자가 불쑥 걸음을 멈추었어요.

남자는 뒤도 돌아보지 않은 채 도미를 향해 물었지요.

"해야 할 일과 하지 말아야 할 일은 누가 정해 주는 건데? 그걸 지켜야 하는 이유는 뭐지?"

"그, 그건!"

도미는 남자의 질문에 도미는 대답하지 못하고 망설였어요.

"내 질문에 대답도 못 하면서 이래라저래라 명령하지 마."

"음, 해야 할 일과 하지 말아야 할 일은 스스로 제일 잘 알고 있다고 생각해요! 삼촌은 당신이 도와 달라고 부탁한 적이 없지만 도우려고 애쓰고 있다고요!"

"난 그런 부탁을 한 적이 없어!"

"하지만 혼자 힘으로 해결할 수 없는 어려움에 처했잖아요. 그러니까 도와주려고 애쓰는 거예요."

그 순간 하이드의 눈빛이 살짝 흔들렸어요. 도미는 하이드에게 삼촌은 계속해서 당신을 도울 방법을 찾고 있을 거라고 말했지요. 그러자 하이드는 "마음대로 해! 난 부탁한 적 없어!"라고 말하더니 사라져 버렸어요.

집으로 돌아온 도미는 삼촌의 방으로 들어갔어요. 삼촌은 약의 재료를 어떻게 구할 수 있을지 열심히 찾고 있었어요. 삼촌의 책상에는 재료에 관한 책과 서류가 가득했지요.

그렇게 몇 달이 지났어요. 도미의 삼촌은 여전히 지킬 박사를 도울 방법을 찾아다니느라 분주했어요. 도미는 그런 삼촌을 바라보았어요. 그러자 베베가 도미의 얼굴을 핥았지요.

"베베, 나는 해야 할 일과 하지 말아야 할 일은 누가 정해 주는 것인지, 그걸 지켜야 하는 이유가 무엇인지 정확하게 모르겠어."

"왈왈!"

"하지만 삼촌처럼 계속 누군가를 도우며 살 거야."

만일 나라면?

지킬은 약을 먹지 않으면 선한 모습으로 돌아올 수 없는 상황이 되었어. 어떡하지?

나 같으면 지킬 박사처럼 하이드로 변하기 전에 얼른 도망을 갈 거야. 어차피 마을에 있어 봤자 사람들에게 피해만 줄 거라고.

만약 나라면 지킬처럼 사람들이 없는 곳으로 떠난다.

왜냐하면 ....

.... 때문이다.

만약 나라면 떠나지 않고 머물 것이다.

왜냐하면 ....

.... 때문이다.

하지만, 사람은 변할 수 있다고 했잖아. 물약 없이도 하이드가 악한 마음을 없애는 방법이 있지 않을까?

▶▶▶

'양심의 가책'이라는 말이 있어. 무엇인가 나쁜 일을 하면 마음이 불편해진다는 뜻이야. 양심의 가책을 느끼는 이유는 그 일이 좋지 않은 일이라는 것을 알고 또 그 일로 인해 자신이 남에게 피해를 줬다는 사실을 알기 때문이지. 언젠가 하이드도 양심의 가책을 느낄 날이 올 거야.

▶▶▶

어떤 물약을 마시고 싶은가요?

이곳은 지킬 박사의 방입니다. 책상에는 총 9가지의 물약이 놓여 있습니다. 물약에 써 있는 설명을 읽어 보니 모두 다른 효능을 가지고 있는 물약이었습니다. 여러분은 어떤 물약을 먹을 것인지, 그 물약을 먹고 무엇을 하고 싶은지 자유롭게 써 보세요.

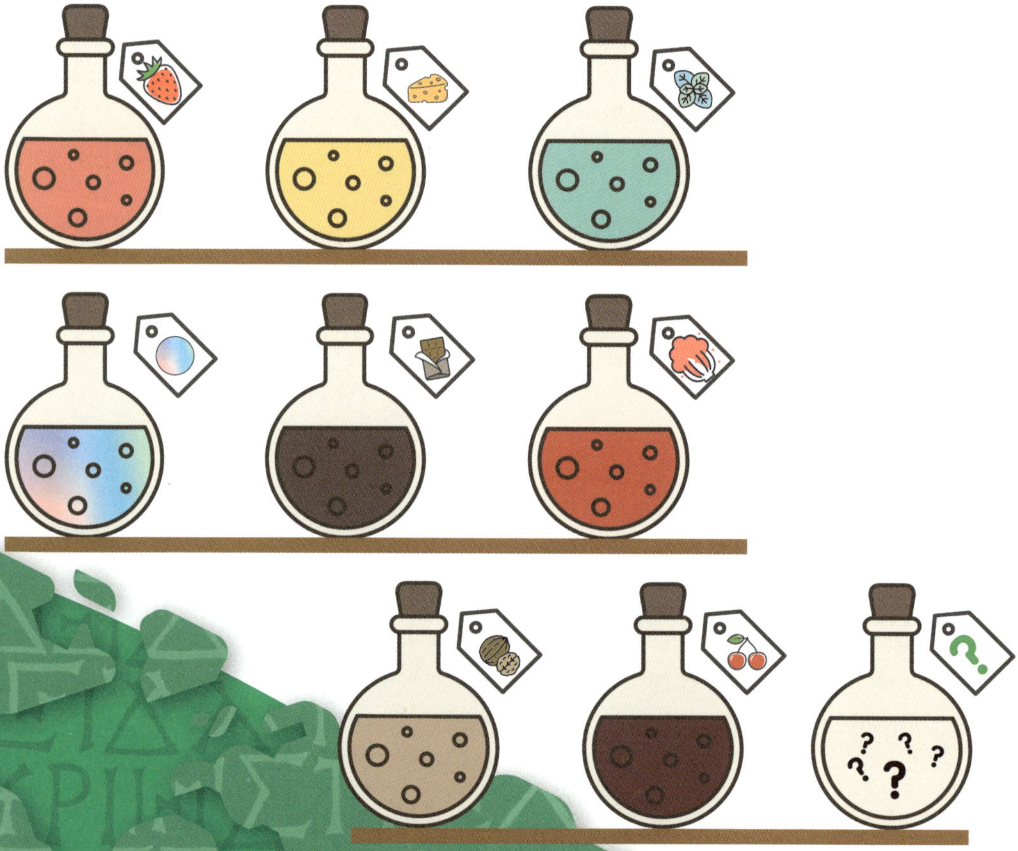

딸기 맛: 24시간 전으로 시간을 되돌릴 수 있다. 사용할 때마다 수명이 5년씩 줄어든다.

치즈 맛: 투명 인간이 될 수 있다. 하루 최대 30분 사용할 수 있다.

민트 맛: 상대의 손을 잡으면 생각을 읽을 수 있다. 하루에 3번 사용할 수 있다.

셔벗 맛: 몸무게를 최대 20kg 줄일 수 있다. 평생 동안 5회 사용할 수 있다.

초코 맛: 주머니에 손만 넣으면 10만 원이 나온다. 하루 3번까지 사용할 수 있다.

김치 맛: 하루에 3번 하늘을 날 수 있다. 최대 2시간 사용할 수 있다.

호두 맛: 내 분신을 만들 수 있다. 하루 최대 1시간씩 3번 사용할 수 있다.

체리 맛: 200쪽 분량의 책을 몽땅 외울 수 있다. 한 달에 5회 사용할 수 있다.

물음표 맛: 위 사탕들의 효과 중 1가지가 무작위로 이루어진다. 단 부작용으로 하루 동안 능력을 멈추지 못할 수 있다.

내가 먹고 싶은 물약:

먹은 뒤에 내가 하고 싶은 일은?

200만 부 판매 돌파!

AI시대 미래
토론

✅ 뭉치북스가 만든 국내 최초 토론책!   ✅ 초등 국어
✅ 한국디베이트협회와 교

- 01 함께 사는 로봇
- 02 원시인도 모르는 공룡
- 03 더 멀리 더 높이 더 빨리 스포츠 과학
- 04 까만 우주 속 작은 별
- 05 노벨도 깜짝 놀란 노벨상
- 06 지켜라! 멸종 위기의 동식물
- 07 도로시의 과학 수사대
- 08 살아 있는 백두산
- 09 콜록콜록! 오늘의 황사 뉴스
- 10 앗! 이런 발명가, 와! 저런 발명품
- 11 아낄수록 밝아지는 에너지
- 12 과학 Cook! 문화 Cook! 음식의 세계
- 13 과학을 훔친 수상한 영화관
- 14 끝없이 진화하는 무서운 전염병
- 15 지구 온난화와 탄소배출권
- 16 먹을까? 말까? 먹거리 X파일
- 17 우리 몸을 흐르는 피와 혈액형
- 18 진짜? 가짜? 가상현실과 증강현실
- 19 두근두근 신비한 우리 몸속 탐험
- 20 우리를 위협하는 자연재해
- 21 봄? 가을? 경계가 모호해지는 사계절
- 22 세균과 바이러스 꼼짝 마! 약과 백신
- 23 생태계의 파괴자? 외래 동식물
- 24 콸콸콸~ STOP!!! 우리나라도 위험해요, 소중한 물
- 25 오늘도 나쁨! 작아서 더 무서운 미세먼지
- 26 식량 위기에서 인류를 구할 미래 식량
- 27 썩지 않는 플라스틱 지구와 인간을 병들게 하는 환경 호르몬
- 28 나와 똑같은 또 다른 나, 인간 복제
- 29 미래의 디지털 첨단 의료
- 30 땅속 보물을 찾아라! 지하자원과 희토류
- 31 농사일부터 우주 탐사까지, 미래는 드론 시대
- 32 알쏭달쏭 미지의 세계, 뇌
- 33 얼마나 작아질까? 어디까지 발달할까? 나노 기술과 첨단 세계
- 34 찾아라! 생명체가 살 수 있는 또 다른 별, 제2의 지구
- 35 배울수록 더 강해지는 인공 지능
- 36 창조론이냐? 진화론이냐? 다윈이 들려주는 진짜진짜 진화론
- 37 모두모두 소중한 생명 멈춰요 동물 실험
- 38 유해할까? 유용할까? 생활 속 화학 물질
- 39 46억 년의 비밀, 생명을 살리는 지구
- 40 과학자가 가져야 할 덕목, 과학자 윤리와 책임

과학토론왕
이제 토론이 공부다
과학토론왕 40권 + 독후활동지 40권
전 80종 / 정가 580,000원

사회토론왕
이제 토론이 공부다
사회토론왕 40권 + 독후활동지 40권
전 80종 / 정가 580,000원

- 한우리 추천도서
- 경향신문 추천도서
- 경기도 초등토론 교육연구회 추천
- 경기도 지부 독서 골든벨 선정도서
- 환경정의 어린이 환경책 권장도서
- 한국 아동문학인협회 우수도서
- 학교도서관 사서협의회 추천도서

✓ 활용 만점 독후 활동지 각 권 제공!

01 우리 땅 독도	13 바람 잘 날 없는 지구촌 국제 분쟁	24 우리는 이웃사촌! 함께 사는 사회	33 뚜아뚜아별의 법을 부활시켜라!
02 생활 속 24절기	14 믿음과 분쟁의 역사 세계의 종교	25 틀린 게 아니라 다른 거라고? 글로벌 에티켓	생활 속 법 이야기
03 세계를 담은 한글	15 인공 지능으로 알아보는 미래 유망 직업	26 신통방통 지혜가 담긴	34 하늘·땅·바다 어디서나 조심조심!
04 정정당당 선거	16 지역 이기주의 님비 현상	우리의 세시 풍속과 전통 놀이	어린이를 위한 교통안전
05 우리의 유네스코 세계 유산	17 더불어 사는 다문화 사회	27 출발, 시간 여행! 유네스코 세계 문화유산	35 함께 만들어요! 함께 누려요! 모두의 사회 복지
06 좋아? 나빠? 인터넷과 스마트폰	18 함께 사는 세상 소중한 인권	28 아이는 줄고 노인은 늘고! 달라지는 인구	36 위아더월드, 도움의 손길이 필요해요.
07 함께라서 좋아! 우리는 가족	19 세계를 사로잡은 문화 콘텐츠 한류	29 우리는 하나! 세계로! 미래로! 통일 한국	세계 빈곤 아동
08 한민족, 두 나라 여기는 한반도	20 변치 않는 친구 반려동물	30 레벨업? 섯다운? 슬기로운 게임 생활,	37 환경 악후 오염사가 간다, 지켜라 지구 환경
09 너도 나도 똑같이 생명 존중	21 왕따는 안 돼! 우리는 소중한 친구	벗어나요 게임 중독	38 전쟁 NO! 평화 YES! 세계를 이끄는 힘, 국제기구
10 돈 나와라 뚝딱! 경제 이야기	22 여자? 남자? 같은 것과 다른 것! 성과 양성평등	31 살아 있어 행복해! 곁에 있어 고마워!	39 더 멀리, 더 빠르게! 미래 교통과 통신
11 시끌시끌 지구촌 민족 이야기	23 모두가 행복한 착한 초콜릿,	소중한 생명	40 알아서 척척, 똑똑한 미래 도시,
12 앗 조심해! 나를 지키는 안전 교과서	아름다운 공정 무역	32 나도 크리에이터! 시끌벅적 1인 미디어 세상	꿈의 스마트 시티

뭉치수학왕

수학이 쉬워지고, 명작보다 재미있는

100만 부 판매 돌파!

+

"인공지능(AI) 시대의 힘은 수학에서 나온다!"

개념 수학

〈수와 연산〉
1. 양치기 소년은 연산을 못한대
2. 견우와 직녀가 분수 때문에 싸웠대
3. 가우스, 동화 나라의 사라진 0을 찾아라
4. 가우스는 소수 대결로 마녀들을 물리쳤어
5. 앨런, 분수와 소수로 악당 히듈러를 쫓아내라
6. 약수와 배수로 유령 선장을 이긴 15소년

〈도형〉
7. 헨젤과 그레텔은 도형이 너무 어려워
8. 오일러와 피노키오는 도형 춤 대회 1등을 했어
9. 오일러, 오즈의 입체도형 마법사를 찾아라
10. 유클리드, 플라톤의 진리를 찾아 도형 왕국을 구하라
11. 입체도형으로 수학왕이 된 앨리스

〈측정〉
12. 쉿! 신데렐라는 시계를 못 본대

13. 알쏭달쏭 알라딘은 단위가 헷갈려
14. 아르키는 어림하기로 걸리버 아저씨를 구했어
15. 원주율로 떠나는 오디세우스의 수학 모험

〈규칙성〉
16. 떡장수 할머니와 호랑이는 구구단을 몰라
17. 페르마, 수리수리 규칙을 찾아라
18. 피보나치, 수를 배열해 비밀의 방을 탈출하라
19. 비례배분으로 보물섬을 발견한 해적 실버

〈자료와 가능성〉
20. 아기 염소는 경우의 수로 늑대를 이겼어
21. 파스칼은 통계 정리로 나쁜 왕을 혼내 줬어
22. 로미오와 줄리엣이 첫눈에 반할 확률은?

〈문장제〉
23. 개념 수학-백점 맞는 수학 문장제①
24. 개념 수학-백점 맞는 수학 문장제②
25. 개념 수학-백점 맞는 수학 문장제③

융합 수학
26. 쌍둥이 건물 속 대칭축을 찾아라(건축)
27. 열차와 배에서 배수와 약수를 찾아라(교통)
28. 스포츠 속 황금 각도를 찾아라(스포츠)
29. 옷과 음식에도 단위의 비밀이 있다고?(음식과 패션)
30. 꽃잎의 개수에 담긴 수열의 비밀(자연)

창의 사고 수학
31. 퍼즐탐정 썰렁홈즈①-외계인 스콜피오스의 음모
32. 퍼즐탐정 썰렁홈즈②-315일간의 우주여행
33. 퍼즐탐정 썰렁홈즈③-뒤죽박죽 백설 공주 구출 작전
34. 퍼즐탐정 썰렁홈즈④-'지지리 마란드러' 방학 숙제 대작전
35. 퍼즐탐정 썰렁홈즈⑤-수학자 '더하길 모테'와 한판 승부

36. 퍼즐탐정 썰렁홈즈⑥-설국언차 기관사 '어려도 달리능기라'
37. 퍼즐탐정 썰렁홈즈⑦-해설 및 정답

수학 개념 사전
38. 수학 개념 사전①-수와 연산
39. 수학 개념 사전②-도형
40. 수학 개념 사전③-측정·규칙성·자료와 가능성

독후 활동지

본책 40권+독후 활동지 7권
정가 580,000원